日本一お酢を売っている！
ミツカン社員公認
お酢レシピ

はじめに

ミツカンは、200年以上もの歳月を
お酢とともに歩んできました。
料理をおいしくするだけでなく、
減塩のお手伝いをしたり、
食べ物をいたみにくくしたり……。
さまざまなパワーを秘めたお酢は、
いつしか日本人になくてはならない
調味料となり、長年親しまれてきました。
お酢には多くの種類がありますが、

本書では最もベーシックな「穀物酢」を使った
レシピ100品を掲載しました。
定番のピクルスや和え物、煮込み料理から、
ドリンクやパスタ、スイーツまで。
お酢を色々な料理に使いたい方や、苦手だけど、
なるべく生活にとり入れたいという方へ向けて、
バラエティ豊かなメニューをご紹介しています。
食事のたびに少しずつ、
ぜひ毎日の生活に取り入れてみてください。

「お酢」の基礎知識

1日に摂る目安から保存方法まで、料理を始める前に知っておきたい、お酢の基礎知識をお教えします。

※ここで述べる「お酢」とは「食酢品質表示基準」で定義された「食酢」のことです。

1日にお酢15mlが目安

ミツカンでは、1日に15mlを目安にお酢を摂ることをおすすめしています。料理に加えたり、ドリンクで割ったり、少しずつ食生活に取り入れましょう。

お酢がすっぱい理由

お酢がすっぱいのは、主な成分の酢酸が原因。酢酸は酸味が強く、つんとした刺激があります。一般的にお酢とは糖質を含んだ食材を発酵させたものですが、酸味の特徴は原料によって異なります。例えば、穀物酢はすっきりした酸味、米酢はまろやかな酸味が特徴です。

お酢の正しい保存方法

開封前は直射日光を避け、涼しい所で保存しましょう。夏場など気温が高い時期には冷蔵庫での保存をおすすめします。穀物酢は賞味期限内なら、冷暗所保存で開栓後半年、冷蔵庫保管で約1年を目安に使ってください。

お酢の種類とは

食酢は原料や製造方法で、下記のように「醸造酢」と「合成酢」に分類できます。現在、家庭用のお酢はほとんどが醸造酢です。

醸造酢	農産物やはちみつ、アルコール、砂糖類を原料に酢酸発酵させた液体調味料で、かつ氷酢酸または酢酸を使用していないもの。		
	穀物酢	1リットル中、穀類を40g以上使用したもの。	
		米酢	1リットル中、米を40g以上使用したもの。米黒酢を除く。
		米黒酢	米（玄米のぬか層を全て取り除き、精白したものは除く）または、ここに小麦もしくは大麦を加えたもののみを原材料にしたもので、1リットル中、米を180g以上使用したもの。かつ、発酵および熟成によって褐色または黒褐色に着色したもの。
		大麦黒酢	原材料に大麦のみを使用し、1リットル中、大麦を180g以上使用したもの。かつ、発酵および熟成によって褐色または黒褐色に着色したもの。
	果実酢	1リットル中、果実の搾汁を300g以上使用したもの。	
		りんご酢	1リットル中、りんごの搾汁を300g以上使用したもの。
		ぶどう酢	1リットル中、ぶどうの搾汁を300g以上使用したもの。
合成酢	氷酢酸または酢酸の希釈液に砂糖類などを加えた液体調味料、またはそれに醸造酢を加えたもの。		

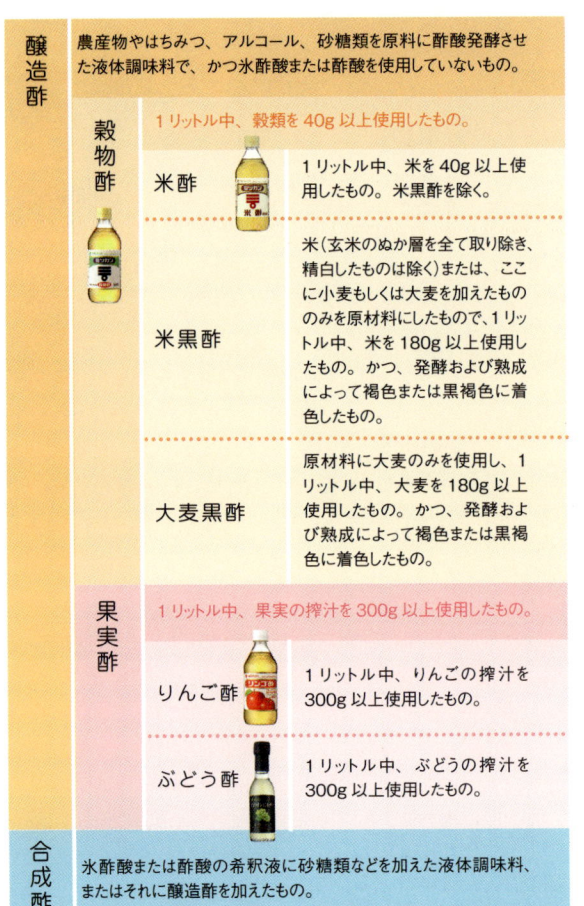

※ JAS「食酢品質表示基準」による食酢の分類（概略）

お酢のここがすごい!!

料理をおいしくするのはもちろんですが、お酢にはほかにもさまざまなパワーが秘められています。上手に生活に取り入れましょう。

Vinegar Power

01

減塩の手助けをしてくれる

お酢には、料理全体の味を引き立たせる効果があるため、塩分を控えても味がぼやけず、おいしくいただけます。煮物や和え物など、毎日の料理に工夫して使いましょう。

Vinegar Power

02

食べ物をいたみにくくしてくれる

お酢には防腐効果があり、食べ物をいたみにくくします。お弁当にお酢を使ったおかずを入れたり、魚をお酢でしめたりする食習慣は、食べ物をいたみにくくするための工夫なのです。

Vinegar Power

03

食材の変色を防いでくれる

れんこんなど、アクが強い根菜類は切ったまま置いておくと酸化するため、褐色になります。切ったらすぐに酢水でさっと煮ると、元の色を保つことができます。

Vinegar Power 04
食材の色を
鮮やかにしてくれる

ガリやみょうがの甘酢漬けが
美しい赤色なのは、アントシ
アニンという色素がお酢の作
用で酸性になり、鮮やかにな
るから。赤キャベツやラディッ
シュでも同様の効果が見られ
ます。

Vinegar Power 05
料理の味を
まとめてくれる

何か物足りないと感じたとき、
お酢を隠し味に加えてみてく
ださい。カレーなら甘みとコク
が引き立ち、煮物であれば
複雑な旨味が生まれ、より深
みのある味になります。

Vinegar Power 06
油っこさを
和らげてくれる

豚肉や鶏肉の煮込みなど、素
材から脂がたっぷりと出る料
理や、チャーハンや炒め物な
ど油をたくさん使う料理では、
最後にお酢を加えるとさっぱ
り仕上がります。

Vinegar Power 07
まな板やスポンジを
静菌してくれる

まな板は洗剤で洗ったあとに熱
湯をかけ、乾いたふきんをかけ
て酢水をかけます。室温で1時
間以上置き、水洗いしたら完了。
スポンジは洗剤で洗ったあと、
45℃以上の酢水に浸します。軽
くもんで15分以上置い
たら完了です。

contents

002 はじめに
004 「お酢」の基礎知識
006 お酢のここがすごい!!
010 本書の使い方

Chapter 1
お酢のドリンク

012 キウイビネガースカッシュ
013 しそビネガーソーダ
014 にんじんとりんごのハチミツ酢
015 バナナ豆乳ビネガー
016 ブルーベリー黒糖ミルク酢
017 グレープフルーツヨーグルトビネガー
018 ホット&サワーマーマレード
019 ほんのり甘いほうじ茶ビネガー
020 ピーチビネガースムージー
021 シャンディーガフビネガー
022 マリブマンゴーフローズン
023 カシスオレンジビネガー

024 column 1 ピクルスレシピ

Chapter 2
合わせ酢の小鉢

026 基本の合わせ酢8種
　　「甘酢」／「三杯酢」／「おろし酢」／「カレー酢」／
　　「めんつゆ酢」／「ごま酢」／「みそ酢」／「ナンプラー酢」
028 トマト甘酢
029 キャロットラペ
030 オレンジと生ハムのサラダ
031 大根とりんごの甘酢
032 たことクレソンの三杯酢和え
033 焼きパプリカのマリネ
034 サーモンのカルパッチョ
035 白菜と揚げ玉のサラダ
036 みぞれきのこ
037 パリパリ桜海老のおろし酢和え
038 さっぱり納豆おろし酢
039 あじのおろし酢和え
040 コロコロ豆カレー酢
041 カレー酢エッグ
042 カレー酢ピクルス
043 もやしとちくわのスパイシー和え
044 豆腐と水菜のサラダ
045 長いもそうめん温卵のせ
046 たたきゴボウのごま酢風味
047 牛肉としらたきのごま酢和え
048 ゆばとオクラのクリーミー和え
049 里いもみそチーズ
050 かんたんヤムウンセン
051 ささみとナッツのエスニック和え

052 column 2 ドレッシングレシピ

Chapter 3
お酢たっぷりのおかず

054 ザワークラウト風煮込み
056 ビネガーチリコンカン
058 豚とセロリのさっぱり煮
060 ふんわり鶏団子入り酢しょうがスープ
062 鶏とゴボウのピリ辛南蛮漬け
064 ポテトサラダ
066 焼き鮭のマリネ
068 トマトエビチリ
070 ホタテカルパッチョ　ビネガージュレ添え
072 ふわふわ豆腐ナゲット with チリソース
074 車麩のハチミツビネガーサラダ

076 column 3
　　　社員のおすすめ！ お酢のおいしい使い方

Chapter 4
お酢が決め手の主食

078 さっぱりペペロンチーノ
080 豆乳サワーラザニア
082 トマト酢冷麺
084 ごま酢だれつけ麺
086 甘酢みょうがの肉巻きおむすび
088 こぶ茶酢茶漬け
090 酢ズッキーニのナシゴレン
092 さっぱり天津飯
094 ビネガーツナポテバゲット
096 ブルーベリーソースの爽やかチキンサンド

098 column 4
　　　ミツカン社員公認！
　　　すし飯レシピ＆手巻き寿司 10 選

Chapter 5
お酢のデザート

102 ロゼアップルコンポート
104 トマトビネガーレアチーズケーキ
106 杏ビネガー BonBon
108 バナナアイ酢
110 なつかしフルーツ缶ゼリー
112 ふんわりピーチムース
114 さっぱりみたらし白玉だんご
116 和プリン　黒糖ビネガーソース

118 column 5　お酢 Q&A

120 ミツカンの歴史
122 ミツカン主要商品
125 おわりに
126 食材 INDEX

本書の使い方

食材 INDEX を
使うと便利!

巻末の食材 INDEX
を使えば、余った材
料など使いたい食材
からレシピを選べます。

レシピ名

ADVICE

調理のポイントや、
アレンジ方法などが
書かれています。

レシピを作る前に

●材料の表記は 1 カップ =200ml（200cc）、大さじ 1=15ml（15cc）、小
さじ 1=5ml（5cc）です。
●電子レンジの加熱時間は 600W のものを使用した場合です。
●レシピに目安となる分量や調理時間を表記しておりますが、様子を見な
がら加減してください。
●「野菜を洗う」「皮をむく」「へたを取る」などの基本的な下ごしらえは
省略しています。
●飾りに使用した材料は明記していないものもあります。お好みで追加し
てください。
●ミキサーの種類によっては冷凍食材を撹拌すると刃が傷つく場合がござ
います。ご注意ください。

だし汁の作り方

水 1ℓ に 10㎝程度のだし用昆布を入れて一晩おく。昆布を取り出して火
にかける。沸騰したらかつお節をひとつかみ加える。火を止めて、かつお
節が沈んだらざるなどでこす。

穀物酢を使うときのヒント

●穀物酢はクセがなく、すっきりとした酸味で、幅広い料理に合います。
●油分の多い料理の仕上げにひとふりすると、さっぱりと仕上がります。
●穀物酢を加えて長時間煮込むと、肉が柔らかくなり、骨から離れやすく
なります。
●牛乳や生クリームなどの乳製品に穀物酢を加えるときは分離しやすいの
で、よく混ぜながら少しずつ入れてください。

Chapter 1

お酢のドリンク

ソフトドリンクやカクテルにお酢をプラスすると、

すっきり爽やかな味に。

いつも飲んでいるドリンクの

新しいおいしさに出会えます。

グリーンカラーが目にも涼やか

キウイビネガースカッシュ

材料（1 人分）
キウイ…1 個
砂糖…大さじ 2
穀物酢…大さじ 1
炭酸水…1 カップ

作り方

1 キウイは一口大に切り、砂糖をまぶす。

2 ①に穀物酢を加え電子レンジで 30 秒加熱し、キウイをフォークでつぶす。

3 グラスに氷を入れ、②と炭酸水を注ぐ。

ADVICE

果肉のつぶつぶ感を活かしたレシピ。ミキサーを使ってキウイを細かくすると、また違ったおいしさに。

しそビネガーソーダ

大葉が香る和風の爽やかソーダ

材料（1人分）

- A
  - 穀物酢…大さじ1
  - 大葉…3枚
  - 砂糖…大さじ2
- 炭酸水…1カップ

ADVICE

寒い季節には、炭酸水の代わりにお湯割りにして、ホットドリンクとして楽しむのもおすすめです。

作り方

1 大葉は適当な大きさにちぎる。

2 耐熱容器にAを入れ、電子レンジで40秒加熱する。粗熱が取れたら大葉を取り出す。

3 グラスに氷を入れ、②と炭酸水を注ぐ。

まるで飲むサラダのようにヘルシー

にんじんとりんごの ハチミツ酢

材料（1人分）
にんじん…1/4本
りんご…1/4個
穀物酢…大さじ1
水…1/2カップ
ハチミツ…大さじ1/2

作り方

1 にんじん、りんごは一口大に切る。

2 ミキサーに全ての材料を入れ、撹拌する。

ADVICE
にんじんとりんごは、よく洗えば皮をむかなくても大丈夫。皮部分の豊富な栄養をいただきましょう。

| 015

デザート感覚でスプーンで召し上がれ

バナナ豆乳ビネガー

材料（1人分）

A
- 穀物酢…大さじ1と1/2
- バナナ…1本
- 調製豆乳…1/2カップ

シナモンパウダー…少々

ADVICE

豆乳が苦手な人は、牛乳を使ってもOK。豆乳は軽い味わいに、牛乳はコクのある味わいに仕上がります。

作り方

1 バナナは一口大にちぎる。

2 ミキサーにAを入れて撹拌する。

3 グラスに注ぎ、シナモンをふる。

こっくりと甘いミルクドリンク

ブルーベリー黒糖ミルク酢

材料（1人分）

A
- 穀物酢…大さじ1
- ブルーベリー（冷凍）…30g
- 黒糖…大さじ2
- 牛乳…3/4カップ

ADVICE

②で牛乳にブルーベリーと酢を注ぐときには、分離しないように、少しずつよく混ぜながら入れましょう。

作り方

1 耐熱容器にAを入れて、電子レンジで1分加熱する。

2 グラスに牛乳を注ぎ、粗熱を取った①を加え、よく混ぜる。

とろ〜んとまろやかな酸味がおいしい

グレープフルーツ
ヨーグルトビネガー

材料（1人分）

A
- 穀物酢…大さじ 1/2
- グレープフルーツ…1/2 個
- 砂糖…大さじ 1/2

ヨーグルトドリンク…1/2 カップ

作り方

1 グレープフルーツは薄皮をむき、フォークで少し粒が残るくらいにつぶす。

2 耐熱容器に A を入れて混ぜ、電子レンジで1分加熱する。粗熱を取り、冷蔵庫で冷やす。

3 グラスに②とヨーグルトドリンクを注ぎ、軽く混ぜる。

ADVICE

ヨーグルトドリンクの甘みに応じて砂糖の量を調整してください。甘くなりすぎないように気をつけて。

心も体もほっこり温まる優しい味

ホット＆サワー
マーマレード

材料（1人分）
穀物酢…大さじ1
マーマレードジャム…大さじ2
湯…3/4カップ

ADVICE

いちごジャムやアプリコットジャム、りんごジャムなど、家にあるほかのジャムでもアレンジを楽しんでみて。

作り方

1 カップに穀物酢、マーマレードジャムを入れ、よく混ぜる。

2 ①にお湯を注ぎ、軽く混ぜる。

お茶×お酢のハーモニーがクセになる

ほんのり甘い
ほうじ茶ビネガー

材料（1人分）

ほうじ茶…1カップ
穀物酢…小さじ1/2
砂糖…大さじ2

ADVICE

ほうじ茶を紅茶に変えて作ってもおいしく仕上がります。たっぷりと砂糖を加えるのがおすすめです。

作り方

カップに温かいほうじ茶を注ぎ、穀物酢と砂糖を加えて混ぜる。

甘すぎない、さっぱりピーチ味が◎

ピーチビネガー スムージー

材料（1人分）
白桃（缶詰）…50g
穀物酢…大さじ1
バニラアイス…50g
牛乳…1/2カップ

ADVICE
スムージーが分離すると舌触りが悪くなってしまうので、ミキサーで手早くしっかり混ぜ合わせましょう。

作り方
1 白桃は一口大に切り、冷凍する。

2 ミキサーに全ての材料を入れ、撹拌する。

後味すっきり！　爽やかビアカクテル

シャンディーガフ
ビネガー

材料（1人分）
穀物酢…大さじ1/2
ビール、ジンジャーエール
…各1/2カップ

ADVICE

ジンジャーエール
の辛さのタイプや、
ビールとの割合は
お好みで調整を。ベ
ストバランスを探
してみて。

作り方
グラスに全ての材料を注ぎ、
軽く混ぜる。

ココナッツが香る南国風カクテル

マリブマンゴー
フローズン

材料（1人分）
穀物酢…大さじ1
マンゴー（冷凍）…100g
マリブリキュール…大さじ2

ADVICE
マンゴーは室温で
半解凍しておくと、
ミキサーがスムー
ズに。スムージー
のような硬さに仕
上げましょう。

作り方
ミキサーに全ての材料を入れ、
撹拌する。

プラス酢で清涼感がアップ！

カシスオレンジ ビネガー

材料（1人分）
穀物酢…大さじ1
オレンジジュース…1カップ
カシスリキュール…大さじ2

ADVICE
カシスリキュールを注いだあと、オレンジジュースと酢を混ぜたものをゆっくりと注ぐとキレイな二層に。

作り方
氷を入れたグラスに全ての材料を注ぎ、軽く混ぜる。

024 | column 1

ピクルスレシピ

簡単に作れて食卓に彩りを添えてくれるピクルス。ここでは基本のピクルス液を使った5レシピを紹介します。

Ⓐ　Ⓑ　Ⓒ　Ⓓ　Ⓔ

基本のピクルス液

材料（作りやすい分量）
穀物酢、水…各1カップ
砂糖…大さじ6
塩…大さじ1

Ⓐ ゴーヤ

材料と作り方（作りやすい分量）
ゴーヤ1本は縦半分に切ってわたを取り、7mm幅に切り、ゆでる。ピクルス液にだし昆布5cmを入れて一煮立ちさせ、ゴーヤを漬ける。

(**おすすめアレンジ！**
みょうがをゆでて漬ける。)

Ⓑ きゅうりとセロリ

材料と作り方（作りやすい分量）
きゅうり、セロリ各1本は斜めに切り、さっとゆでる。ピクルス液につぶしたにんにく1片を入れて一煮立ちさせ、野菜を漬ける。

(**おすすめアレンジ！**
アク抜きしたなすを漬ける。)

Ⓒ 根菜

材料と作り方（作りやすい分量）
れんこん1節、にんじん1本は7mm幅の半月切りにし、硬めにゆでる。ピクルス液に赤唐辛子1本を入れて一煮立ちさせ、野菜を漬ける。

(**おすすめアレンジ！**
ゴボウをゆでて漬ける。)

Ⓓ ドライトマトときのこ

材料と作り方（作りやすい分量）
ドライトマト50gは湯に浸して戻し、エリンギ1パックは食べやすく切り、ともにさっとゆでる。ピクルス液に黒こしょう適量を入れて一煮立ちさせ、野菜を漬ける。

(**おすすめアレンジ！**
ズッキーニをゆでて漬ける。)

Ⓔ ミニアスパラガスとヤングコーン

材料と作り方（作りやすい分量）
ミニアスパラガス、ヤングコーン各1袋はさっとゆでる。ピクルス液にローリエ2枚を入れて一煮立ちさせ、野菜を漬ける。

(**おすすめアレンジ！**
キャベツをゆでて漬ける。)

※ピクルスは半日ほど漬けると食べ頃になります。
※金属性のフタを使用する場合は、内側のコーティングに傷がついていないことを確認してください。

Chapter 2

合わせ酢の小鉢

定番の甘酢から、変わり種のカレー酢まで。

基本の合わせ酢レシピとアレンジレシピで、

料理の幅をぐーんと広げましょう。

基本の合わせ酢 8 種

基本の合わせ酢があれば、和えたり、混ぜるだけで、料理があっ
という間に完成！ 簡単＆便利な8レシピをご紹介します。

クセがなく何でも合う！

「甘酢」

材料（基本の分量）
穀物酢…大さじ3
砂糖…大さじ2
塩…少々

作り方
全ての材料を混ぜ合わせる。

「甘酢」の小鉢レシピは P28 〜 31

魚介類や野菜と和えて簡単酢の物に

「三杯酢」

材料（基本の分量）
穀物酢…大さじ3
砂糖…大さじ2
しょうゆ…大さじ1

作り方
全ての材料を混ぜ合わせる。

「三杯酢」の小鉢レシピは P32 〜 35

揚げ物や焼き物に合わせて

「おろし酢」

材料（基本の分量）
大根…5cm
穀物酢…大さじ1
しょうゆ…大さじ1

作り方
大根はすりおろして軽く水気を切り、
穀物酢、しょうゆと合わせる。

「おろし酢」の小鉢レシピは P36 〜 39

スパイシーな風味で食がすすむ！

「カレー酢」

材料（基本の分量）
穀物酢…大さじ2
カレー粉…小さじ1
砂糖…大さじ1と1/2
塩…小さじ1/4

作り方
全ての材料を混ぜ合わせる。

「カレー酢」の小鉢レシピは P40 〜 43

| 027

かつおだしの旨味で味がまとまる

「めんつゆ酢」

材料（基本の分量）

穀物酢…大さじ2
めんつゆ…大さじ4

作り方

全ての材料を混ぜ合わせる。

「めんつゆ酢」の小鉢レシピは P44 〜 45

コクを出したいときにおすすめ

「ごま酢」

材料（基本の分量）

A ┃ 穀物酢、砂糖…各大さじ1
　┃ しょうゆ…大さじ1と1/2
白すりごま…大さじ2

作り方

全ての材料を混ぜ合わせる。

「ごま酢」の小鉢レシピは P46 〜 47

みその濃厚な旨味を楽しめる

「みそ酢」

材料（基本の分量）

穀物酢、みそ…各大さじ2
砂糖…大さじ1

作り方

全ての材料を混ぜ合わせる。

「みそ酢」の小鉢レシピは P48 〜 49

エスニック料理の決め手

「ナンプラー酢」

材料（基本の分量）

穀物酢…大さじ2
砂糖…大さじ1
ナンプラー…大さじ1
唐辛子（小口切り）…1本分

作り方

全ての材料を混ぜ合わせる。

「ナンプラー酢」の小鉢レシピは P50〜51

「甘酢」
レシピ1

お酢とトマトの甘酸っぱさがマッチ

トマト甘酢

材料（2人分）

トマト…1個

「甘酢」…基本の分量

大葉…2枚

ADVICE

湯むきしたプチトマトでも作れます。赤、オレンジ、黄色など、カラフルなプチトマトを合わせても◎。

作り方

1 トマトは一口大に切る。

2 ①を「甘酢」で和え、大葉をちぎって加える。

「甘酢」
レシピ2

オレンジカラーで見た目もおいしい

キャロットラペ

材料（2人分）

にんじん…1本
干しあんず…5粒
「甘酢」…基本の分量

ADVICE

にんじんの千切り
が手間であれば、
スライサーを使っ
たり、ピーラーで
リボン状に切ると、
より簡単です。

作り方

1 にんじんは千切りにする。あ
んずは細切りにする。

2 ①を「甘酢」で和え、30分ほ
ど冷蔵庫でなじませる。

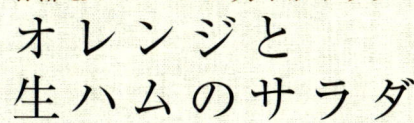

甘酢＆フルーツの爽やかサラダ

「甘酢」
レシピ3

オレンジと
生ハムのサラダ

材料（2人分）

オレンジ…1個

ベビーリーフ…1パック

「甘酢」…基本の分量

生ハム…4枚

作り方

1 オレンジは薄皮をむき、食べ
やすく切る。

2 ①とベビーリーフを「甘酢」
で和え、生ハムをトッピングする。

ADVICE

「甘酢」にオリーブ
オイル、粗挽き黒
こしょうを加えて
もOK。「甘酢」と
フルーツは相性バ
ツグンです。

| 031

シャキシャキの食感がクセになる！

◎「甘酢」
レシピ4

大根と
りんごの甘酢

材料（2人分）
りんご…1/4個
大根…5cm
塩…少々
「甘酢」…基本の分量

ADVICE
りんごと大根をいちょう切りにする際に、両方の厚みをできるだけ揃えると、いっそう食感がよくなります。

作り方
1 りんご、大根はいちょう切りにして、大根は塩をふる。
2 ①を「甘酢」で和える。

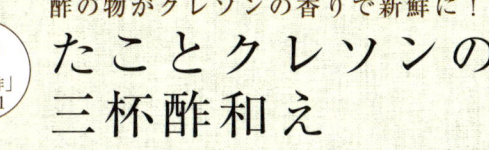

酢の物がクレソンの香りで新鮮に！

「三杯酢」
レシピ1

たことクレソンの
三杯酢和え

材料（2人分）

ゆでだこ…100g
クレソン…1束
「三杯酢」…基本の分量

作り方
たこは削ぎ切りに、クレソンは
4cm幅に切り、「三杯酢」で和える。

ADVICE

ささっとできるの
で、もう一皿ほし
いときやおつまみ
に最適。刺身用の
たこを使えば、切
る手間を省けます。

| 033

パプリカの甘みが際立つ

「三杯酢」
レシピ2

焼きパプリカの
マリネ

材料（2人分）

パプリカ（赤・黄）…各1個

A
- 「三杯酢」…基本の分量
- にんにく（薄切り）…1/2片
- オリーブオイル…大さじ2

バジル…3枚

ADVICE

パプリカは真っ黒になるまで焼くと簡単に皮がむけます。焼くことで甘みもアップするので、一石二鳥。

作り方

1 パプリカは皮が真っ黒に焦げるまで焼く。水に落として、皮をむいて種を取り、一口大に切る。

2 Aを混ぜて①を漬ける。冷蔵庫で15～30分冷やし、バジルをちぎって加える。

テッパンの組み合わせを三杯酢で

「三杯酢」
レシピ3

サーモンの
カルパッチョ

材料（2人分）

玉ねぎ…1/4個
アボカド…1/2個
サーモン（刺身用）…80g
A｜「三杯酢」…基本の分量
｜オリーブオイル…大さじ1

作り方

1 玉ねぎは薄切りにし、水にさらす。アボカドはくし形に切る。

2 アボカドとサーモンをAで和え、水気を切った玉ねぎにのせる。

ADVICE

アボカドは皮が黒くなり、弾力のあるものが食べ頃。口当たりがマイルドで、よりおいしくいただけます。

揚げ玉の食感が後を引くおいしさ！

「三杯酢」
レシピ4

白菜と
揚げ玉のサラダ

材料（2人分）

白菜…2枚
焼きのり…1枚
「三杯酢」…基本の分量
揚げ玉…適量

ADVICE

和える前に焼きのりをあぶっておくと、香ばしさがアップ。韓国のりに代えてもおいしいので、お試しを。

作り方

1 白菜は芯を細切りに、葉をざく切りにする。

2 ①とちぎった焼きのりを「三杯酢」で和え、揚げ玉をかける。

「おろし酢」
レシピ1

きのこたっぷりでヘルシー＆ローカロリー

みぞれきのこ

材料（2人分）

えのき、舞茸…合わせて200g
「おろし酢」…基本の分量

ADVICE

しいたけやしめじ、
エリンギなど、ほ
かのきのこを加え
るとより複雑な味
わいに。旬のきの
こを取り入れて。

作り方

1 えのきと舞茸は食べやすく
ほぐし、さっとゆでる。

2 ①を「おろし酢」と和える。

桜海老の食感がアクセントになる

「おろし酢」
レシピ2

パリパリ桜海老の
おろし酢和え

材料（2人分）

わかめ（塩蔵）…30g
きゅうり…1本
桜海老…5g
「おろし酢」…基本の分量

ADVICE

桜海老は食べる直前に和えましょう。パリパリとした食感が残って、歯ごたえの変化が楽しめます。

作り方

1 わかめは洗って水につけて戻し、食べやすい長さに切る。きゅうりは小口切りにする。

2 ①と桜海老を「おろし酢」で和える。

カリッと焼いた油揚げに添えて

さっぱり
納豆おろし酢

「おろし酢」
レシピ3

材料（2人分）

油揚げ…2枚

A
「おろし酢」…基本の分量
納豆（添付のたれを混ぜ合わせる）…1パック

万能ねぎ（小口切り）…2〜3本

作り方

1　油揚げはトースターで両面を
カリッと焼き、食べやすい大き
さに切る。

2　Aを混ぜて①にかけ、万能ね
ぎを散らす。

ADVICE

油揚げはこんがり
と色づくまで焼き
ましょう。食感が
よくなり、おいし
さがいっそうアッ
プします。

「おろし酢」
レシピ4

あじの開きをあっさり仕立てで

あじの
おろし酢和え

材料（2人分）

あじの開き…1枚
「おろし酢」…基本の分量

白いりごま…適量
大葉（千切り）…2枚

作り方

1　あじの開きを、両面こんがり
と焼く。

2　①は骨と皮をとって大きく
ほぐし、「おろし酢」で和える。
白いりごまをふり、大葉をのせる。

ADVICE

②であじの皮が少々
入っても気にしない
で大丈夫。細かく
ほぐしすぎないで、
ざっくりとおろし酢
で和えたら完成です。

「カレー酢」
レシピ1

箸がどんどん進むピリ辛味！

コロコロ
豆カレー酢

材料（2人分）

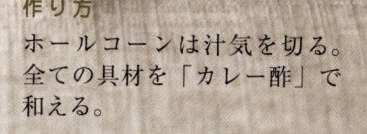

ホールコーン…1/2缶
「カレー酢」…基本の分量
ひよこ豆（水煮）…50g
枝豆（ゆでて皮をむいたもの。冷凍でも可）…50g

ADVICE

コーンと豆が全て
揃わなければ、ど
れか2種類だけで
もおいしく作れま
す。ひよこ豆を大
豆で代用しても◎。

作り方

ホールコーンは汁気を切る。
全ての具材を「カレー酢」で
和える。

「カレー酢」
レシピ2

ゆで卵がピクルス風に大変身！

カレー酢エッグ

材料（2人分）
卵…2個
ブラックオリーブ（種抜き）…5粒
「カレー酢」…基本の分量

ADVICE

ブラックオリーブ
を入れるだけで味
が本格的に。あら
かじめスライスさ
れたものもあるの
で、ぜひお試しを。

作り方

1 卵は水から12分ゆで、殻をむく。

2 ①は半分に、ブラックオリーブは5mm幅に切り、「カレー酢」で和える。

「カレー酢」
レシピ3

カレー風味が野菜の味を引き立てる
カレー酢ピクルス

材料（2人分）

- 「カレー酢」…基本の分量
A
- 水…1/2カップ
- コンソメ（顆粒）…小さじ1/2
- ローリエ…1枚
- セロリ…1/2本
- 小玉ねぎ…6個

作り方

1 Aを混ぜ合わせ、電子レンジで1分加熱する。

2 セロリは乱切りにする。小玉ねぎは上下を切る。

3 ②をゆでて①に漬ける。粗熱が取れたら冷蔵庫で冷やす。

ADVICE
小玉ねぎがなければ、普通のものでも可。セロリよりもややしっかりゆでると食感にメリハリが出ます。

おかずにもおつまみにもぴったり

もやしとちくわの スパイシー和え

「カレー酢」
レシピ4

材料（2人分）

- ピーマン…1個
- A ちくわ…2本
- もやし…100g
- 「カレー酢」…基本の分量

ADVICE

シャキシャキ感が残るよう、手早くゆでるのがポイント。熱いうちに「カレー酢」で和えると味がしみ込みます。

作り方

1 ピーマンは種を取り細切りにする。ちくわは斜め薄切りにする。

2 Aをゆで、熱いうちに「カレー酢」で和える。

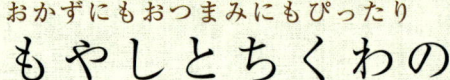

「めんつゆ酢」
レシピ1

たくあんの歯ごたえが後を引く

豆腐と
水菜のサラダ

材料（2人分）
絹ごし豆腐…1/2丁
水菜…1束
たくあん…3cm
「めんつゆ酢」…基本の分量

作り方

1 豆腐と水菜は食べやすい大きさに切る。たくあんは細切りにする。

2 ①を皿に盛り、「めんつゆ酢」をかける。

ADVICE

豆腐と水菜、たくあんを混ぜ合わせて一口でいただくと、それぞれの食感の違いが引き立ち、やみつきに。

「めんつゆ酢」レシピ2

つるつる＆さくさくの食感

長いもそうめん
温卵のせ

材料（2人分）

長いも…6cm
「めんつゆ酢」…基本の分量
温泉卵…2個
青のり…少々

作り方

1 長いもは千切りにし、「めんつゆ酢」で和える。

2 ①を小鉢に盛り、中央に温泉卵をのせて青のりをふる。

ADVICE

長いもはキッチンペーパーで押さえながら皮をむくと、すべらずラクにむけます。千切りはなるべく細めに。

「ごま酢」レシピ1

ゴボウ＆ごまをシンプルに味わう

たたきゴボウの
ごま酢風味

材料（2人分）

ゴボウ…1本
「ごま酢」…基本の分量

作り方

1 ゴボウは鍋に入る長さに切り、4〜5分ゆでる。

2 ①をぬれ布巾をかけた上から麺棒で叩く。4cm幅に切り、太いところは縦4等分に割る。

3 ②を「ごま酢」で和える。

ADVICE

ゴボウは麺棒でしっかり叩きましょう。割れて手で割けるぐらいまで叩くと、味がしみ込みやすくなります。

| 047

「ごま酢」
レシピ2

ひとつの鍋でできるラクチンおかず
牛肉としらたきの
ごま酢和え

材料（2人分）

牛肉（切り落とし）…50g
しらたき…100g
「ごま酢」…基本の分量

作り方

1 牛肉はさっとゆでる。

2 ①の鍋のアクを取り除き、しらたきを3分ゆで、食べやすい長さに切る。

3 ①と②を「ごま酢」で和える。

ADVICE

牛肉をゆでたあと、同じ鍋でしらたきをゆでましょう。牛肉の旨味がしらたきにうつり、より深みのある味に。

とろ～りヘルシーな和風小鉢

「みそ酢」
レシピ1

ゆばとオクラの
クリーミー和え

材料（2人分）

オクラ…8本

刺身ゆば…80g

「みそ酢」…基本の分量

ゆず皮（千切り）…適量

作り方

1 オクラはさっとゆで、粗熱が取れたら乱切りにする。

2 ①と刺身ゆばを「みそ酢」で和え、ゆず皮をのせる。

ADVICE

ゆず皮はなければ入れなくても大丈夫ですが、入れるとアクセントになり、味わいがワンランクアップします。

| 049

「みそ酢」
レシピ2

とけたチーズとみそ酢が絶妙！
里いもみそチーズ

材料（2人分）

里いも…4個

A ┃「みそ酢」…基本の分量
┃粉チーズ…大さじ2

サラダ油…適量

ADVICE

里いもは焼き色が
つくまでカリッと
焼きましょう。ま
ろやかさに香ばし
さも加わり、より
おいしくなります。

作り方

1 里いもはよく洗い、濡れたま
まラップをして電子レンジで3分
加熱する。皮をむいて7mm幅に切る。

2 フライパンにサラダ油を熱し、
①を焼く。

3 ②をAで和える。

人気のタイ料理が手軽に食卓に！

「ナンプラー酢」
レシピ1

かんたん
ヤムウンセン

材料（2人分）

香草…1束
豚挽き肉…50g
春雨（乾燥）…40g
「ナンプラー酢」…基本の分量

作り方

1 香草は3cm幅に切る。

2 豚肉と春雨は一緒に5分ゆで、春雨は食べやすい長さに切る。

3 ①と②を「ナンプラー酢」で和える。

ADVICE

「ナンプラー酢」があれば、驚くほど簡単に本格派の味に。お好みの野菜や海老などをプラスするのもおすすめ。

| 051

「ナンプラー酢」
レシピ2

かみしめるほどに旨味がじんわり
ささみとナッツの
エスニック和え

材料（2人分）

鶏ささみ…2本
ピーナッツ…大さじ1
「ナンプラー酢」…基本の分量

作り方

1 ささみは筋を取り、
7分ゆでて鍋の中でそのまま
冷まし、食べやすく割く。

2 ①と粗く刻んだピーナッツ
を「ナンプラー酢」で和える。

ADVICE

ゆでたささみは、手
でざっくりと割き
ます。火傷しない
ように、必ず粗熱
を取ってから作業
しましょう。

ドレッシングレシピ

お酢をベースにした絶品ドレッシングをご紹介。おうちサラダ
のレパートリーがぐんと広がります。

Ⓐ   Ⓑ   Ⓒ

Ⓐ さっぱりマイルドな味わい
豆乳フレンチドレッシング

材料（作りやすい分量）
調製豆乳…大さじ3
穀物酢、オリーブオイル…各大さじ1と1/2
砂糖…小さじ1
塩…小さじ1/4

作り方
ドレッシングボトルに全ての材
料を入れ、よくふり混ぜる。

Ⓑ ハーブの香りがふんわり漂う
イタリアンドレッシング

材料（作りやすい分量）
オリーブオイル…大さじ4
穀物酢…大さじ2
ドライハーブ…大さじ1/2
塩…小さじ1/2

作り方
全ての材料を合わせ、よく混
ぜ合わせる。

Ⓒ マスタードが効いたピリ辛風味
和マスタードビネガードレッシング

材料（作りやすい分量）
穀物酢、サラダ油…各大さじ2
しょうゆ、粒マスタード…各大さじ1

作り方
全ての材料を合わせ、よく混
ぜ合わせる。

Chapter 3

お酢たっぷりのおかず

和食、洋食、中華からアジアン、ドイツ料理まで。

お酢はさまざまな料理にも大活躍！

バリエーション豊かなお酢料理をご紹介します。

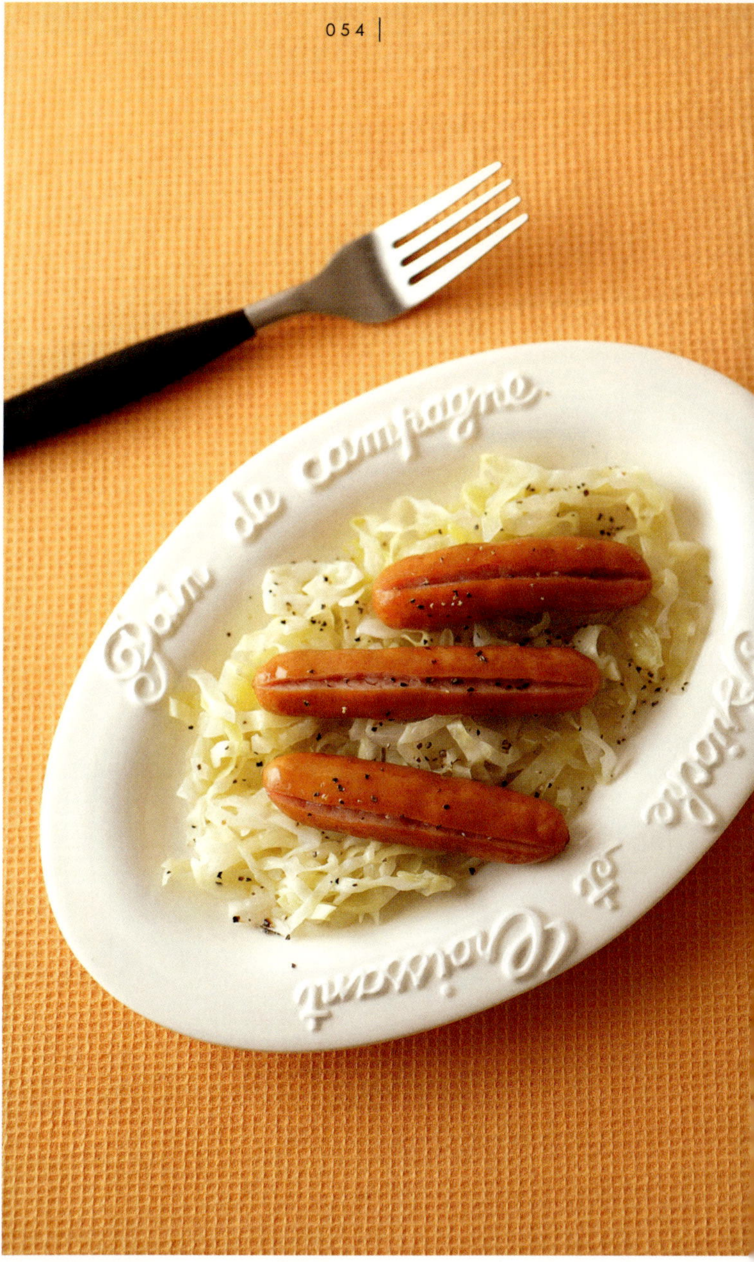
Pain de campagne
Croissant

マイルドな酸味のキャベツが主役！

ザワークラウト風煮込み

材料（2人分）

キャベツ…1/8 個
ウインナー…6 本

A
- 穀物酢…1/3 カップ
- 砂糖…大さじ 1/2
- 塩…小さじ 1/4
- 水…1/2 カップ

粗挽き黒こしょう…適量

作り方

1 キャベツは 5mm 幅の細切りに、ウインナーは縦に切り込みを入れる。

2 鍋に①と A を加え、蓋をして弱火で 20 分煮て、粗挽き黒こしょうをふる。

ADVICE

キャベツやウインナーと相性のよい、粒マスタードをお好みで添えてみて。味の変化が楽しめます。

かぼちゃを添えてボリュームアップ

ビネガー
チリコンカン

材料（2人分）

にんにく…1/2片
玉ねぎ…1/4個
トマト…1個
かぼちゃ…1/8個
牛豚合挽き肉…100g

A
- 穀物酢…大さじ1
- 水…1/2カップ
- コンソメ（顆粒）、ペッパーソース…各小さじ1
- 塩…少々

ミックスビーンズ（水煮）…50g
オリーブオイル…大さじ1

作り方

1 にんにくと玉ねぎはみじん切りにする。トマトとかぼちゃは一口大に切る。

2 フライパンにオリーブオイルを熱し、にんにくと玉ねぎを炒める。香りが立ったら牛豚合挽き肉を加え、色が変わったらトマトを入れてさっと炒める。

3 ②にAを加えて10分煮る。ミックスビーンズを入れ、さらに5分煮る。

4 かぼちゃをゆで、器に盛って③をかける。

| 057

ADVICE

ペッパーソースの代わりにカイエンヌペッパーを加えると、ぐっと本格的な味わいに仕上がります。

ADVICE

豚ロース肉を豚バラのブロック肉などの部位に変えてもOK。ただし、比較的肉厚のものがおすすめです。

お酢の風味で旨味が際立つ

豚とセロリの
さっぱり煮

材料（2 人分）
豚ロース肉（とんかつ用）…2 枚
塩、こしょう…各適量
A 穀物酢…1/4 カップ
酒…1/4 カップ
しょうゆ、砂糖…各大さじ 2
セロリ…1 本
サラダ油…適量

作り方

1 豚肉は 4 等分に切り、塩、こしょうをふり、合わせた A に 15 〜 30 分漬け込む。

2 セロリの茎は乱切りにし、葉はざく切りにする。

3 フライパンにサラダ油を熱し、汁気を切った豚肉、セロリの茎を順に加え炒める。①の漬け汁を加え、蓋をして弱火で 15 分煮る。

4 ③にセロリの葉を加え、一煮立ちさせる。

やわらか団子とスープの優しい味に癒される

ふんわり鶏団子入り
酢しょうがスープ

材料（2人分）

鶏挽き肉…150g

塩…少々

A ┤ 玉ねぎ（みじん切り）…1/4 個
　　溶き卵…1/2 個分
　　片栗粉…大さじ 1

B ┤ 穀物酢…大さじ 1
　　水…2 カップ
　　しょうが（薄切り）…1 片
　　鶏がらスープの素（顆粒）…大さじ 1

片栗粉…大さじ 1/2

作り方

1 ボウルに鶏肉、塩を入れてよく混ぜ、A を加えてさらに混ぜる。

2 鍋に B を入れて一煮立ちさせ、①を一口大に丸めながら加えて 5 分煮る。

3 ②に同量の水で溶いた片栗粉を加え、とろみをつける。

ADVICE

鶏団子の生地がやわらかいので、2本のスプーンを使って丸めながら落とすと、まとまりやすくなります。

ADVICE

鶏肉とゴボウはフ
ライパンに2cmく
らいの深さまで油
を入れ、揚げ焼き
にしてもOK。油の
量が控えられます。

甘辛酸っぱい味つけがご飯に合う

鶏とゴボウの
ピリ辛南蛮漬け

材料（2人分）

鶏もも肉…1枚
塩、こしょう…各適量
ゴボウ…1/2本
片栗粉…適量

A
穀物酢…大さじ2
しょうが(みじん切り)…1片
しょうゆ…大さじ1
砂糖…小さじ1/2
豆板醤…小さじ1/3

長ねぎ(粗みじん切り)…1/3本
揚げ油…適量

作り方

1 鶏肉は一口大に切り、塩、こしょうをふる。ゴボウは縦半分に切り、4cm幅に切る。

2 鍋に揚げ油を170℃に熱し、①に片栗粉をまぶしてきつね色に揚げる。

3 ボウルにAを合わせ、②を熱いうちに和える。さらに長ねぎを加えてさっと和える。

ウインナーが入ってボリューム感たっぷり！

ポテトサラダ

材料（2人分）

じゃがいも…2個

A
- 穀物酢、マヨネーズ…各大さじ2
- 粒マスタード…大さじ1
- 粗挽き黒こしょう…小さじ1/3

玉ねぎ…1/2個
ウインナー…5本
にんにく（みじん切り）…1片
サラダ油…適量

作り方

1 じゃがいもはラップに包んで電子レンジで4〜8分程度、竹ぐしがすっと通るまで加熱する。皮をむいて粗くつぶし、Aと混ぜ合わせる。

2 玉ねぎ、ウインナーは一口大に切る。

3 フライパンにサラダ油を熱し、にんにくを加える。香りが立ったら、②を炒め、①に加え混ぜ合わせる。

ADVICE

お酢が苦手な人にもおすすめ！ ポテトは完全につぶさず、歯ごたえを残すとほくほく感がアップします。

ADVICE

アツアツご飯と一緒に食べたい一品。味をしっかりつけたい場合は、鮭を細かくほぐしてください。

とっておきのご飯のおとも

焼き鮭のマリネ

材料（2人分）

生鮭…2切れ
レタス…1/4個
きゅうり…1/2本

A
- 穀物酢…1/2カップ
- 水…1カップ
- 砂糖…50g
- しょうゆ…大さじ1
- 塩…少々
- 赤唐辛子（小口切り）…1本

サラダ油…適量

作り方

1 鮭は3等分に切り、塩少々（分量外）をふる。レタスは一口大にちぎり、きゅうりは斜めうす切りにする。

2 フライパンにサラダ油を熱し、鮭を両面こんがりと焼く。

3 鍋にAを入れて火にかけ、3分煮立たせる。

4 保存容器に③を入れ、②、レタス、きゅうりを漬け込む。粗熱が取れたら冷蔵庫で冷やす。

ADVICE

冷凍の小海老など
でもおいしく作れ
ますが、大ぶりの
ものを使えば、お
もてなし料理にも
ぴったりです。

生のトマトを使ったフレッシュ仕上げ

トマトエビチリ

材料（2人分）

海老(殻をむき、背ワタを取る)…12尾
塩…少々
トマト…1個
A　長ねぎ(みじん切り)…1/2本
　　にんにく、しょうが(みじん切り)…各1/2片
豆板醤…小さじ1
B　穀物酢、砂糖…各大さじ1
　　しょうゆ…小さじ1
　　酒、水…各大さじ2
片栗粉…大さじ1/2
白髪ねぎ…適量
サラダ油…適量

作り方

1　海老は塩をふる。トマトは一口大に切る。

2　フライパンにサラダ油を熱し、海老を色が変わるまで炒めて取り出す。

3　②のフライパンにサラダ油を足し、Aを加え炒める。香りが立ってきたら豆板醤、トマトの順に入れ、Bを加えて一煮立ちさせる。

4　海老を戻し入れ、同量の水で溶いた片栗粉でとろみをつける。

5　器に盛り、白髪ねぎを添える。

ジュレのぷるぷる食感が楽しい

ホタテカルパッチョ ビネガージュレ添え

材料（2人分）
粉ゼラチン…3g
湯…大さじ2
A
穀物酢、しょうゆ…各大さじ1/2
水…1/2カップ
コンソメ（顆粒）…小さじ1
ホタテ（刺身用）…8個
トマト…1個
きゅうり…1/2本

作り方

1 粉ゼラチンは湯にふり入れて混ぜ、溶かす。Aを合わせ、レンジで30秒ほど加熱し、コンソメを溶かす。Aに溶かしたゼラチンを加えて混ぜ、冷蔵庫で冷やし固める。

2 ホタテは厚みを半分に切る。トマト、きゅうりは食べやすい大きさに切る。

3 冷やしたお皿に②を盛り、①をフォークで崩してのせる。

| 071

ADVICE

ビネガージュレは、ナイフを使って細かく切ると切り目が鋭利になり、よりキラキラと見えるようになります。

ADVICE

豆腐はキッチンペーパーで包み、耐熱皿にのせ、レンジで2〜3分温めるだけで簡単に水切りができます。

あっさり＆ピリ辛のチリソースが美味！

ふわふわ豆腐ナゲット with チリソース

材料（2人分）

木綿豆腐…200g
たら…1切れ
玉ねぎ…1/4個

A
- 溶き卵…1個分
- 片栗粉…大さじ2
- 塩…小さじ1/4

B
- 穀物酢、砂糖…各大さじ2
- 塩…少々
- 赤唐辛子（みじん切り）…1本

揚げ油…適量

作り方

1 豆腐は水切りし、フォークで細かくつぶす。たらは皮と骨を取り、包丁で細かくなるまで叩く。玉ねぎはみじん切りにして塩（分量外）をふり、水気を切る。

2 ①にAを加えて混ぜる。

3 揚げ油を170℃に熱し、②を一口大に丸めてきつね色に揚げる。

4 耐熱容器にBを合わせて電子レンジで1分加熱し、③に添える。

車麩のハチミツ
ビネガーサラダ

ヘルシーだけど食べごたえ十分!

材料(2人分)

車麩…3枚
プチトマト…8個
玉ねぎ…1/2個

A
- 穀物酢…大さじ3
- オリーブオイル…大さじ2
- ハチミツ…大さじ1/2
- 塩…小さじ1/2

バジルの葉…7〜8枚

作り方

1 車麩は一口大に砕く。プチトマトは湯むきし、玉ねぎは薄切りにする。

2 ボウルにAを合わせ、①を加えて和える。バジルをちぎり入れてさっと和え、冷蔵庫で15分なじませる。

おすすめレシピ

ピリカラ味のコリアンそうめん

コングクス

◎材料（2人分）

無調整豆乳…2カップ

[付け合わせ]

A ┌ きゅうり…1/2本
　├ プチトマト…2個
　└ キムチ…適量

そうめん…200g

だし汁…1/2カップ

白練りごま…大さじ2

塩…少々

作り方

❶ きゅうりは千切り、プチトマトは半分に切る。そうめんは袋の表示時間通りに茹でて、冷水でしめる。

❷ 鍋にだし汁を入れて一煮立ちさせ、白練りごまを入れて混ぜながら溶かす。無調整豆乳を加え、塩で味を調える。

❸ そうめんを器に盛り、❷を注ぎ、Aをのせる。

豆乳レシピ

『ヘルシー！豆乳レシピ』からご紹介！

社員公認！

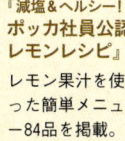

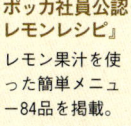

ミ二Cookシリーズ
ワ二ブックス

ミ二Cookシリーズ
人気ラインナップ

発行：ワ二ブックス　定価：900円（税込）

『ヘルシー！豆乳レシピ』
紀文ブランドの豆乳で作る社員公認レシピ。

『おかめちゃんの栄養たっぷり納豆レシピ』
社員が考案したお手軽納豆レシピ75品を紹介。

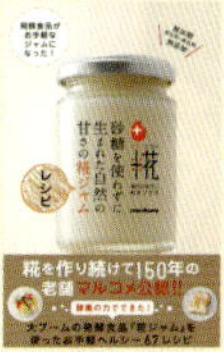

『砂糖を使わずに生まれた自然の甘さの糀ジャムレシピ』
発酵食品の糀ジャムを使った砂糖不使用レシピ。

『世界で愛されているデルモンテのトマトジュースレシピ』
トマトの旨み＆リコピンの入った66メニュー。

『減塩＆ヘルシー！ポッカ社員公認レモンレシピ』
レモン果汁を使った簡単メニュー84品を掲載。

『小岩井ヨーグルトレシピ』
乳酸菌の摂れるヘルシーメニューが満載！

| 075

ADVICE

プチトマトの湯む
きが手間であれば、
つまようじでいく
つか穴をあけるだ
けでも味がしみ込
みやすくなります。

社員のおすすめ！
お酢のおいしい使い方

誰よりもお酢の魅力を知っているミツカン社員。実際に普段どのように使っているのかをお教えします。

し ょうゆにお酢を入れて焼き魚につけて食べています。
栗山加奈　製品企画部　ミツカン歴 18 年

カ レーにお酢。特にグリーンカレーなどのタイカレーにベストマッチです。あとは、ホルモンにお酢。レモン感覚で非常においしいです。
長谷川乃亜　製品企画 2 課　ミツカン歴 6 年

た こ焼きにお酢。唐揚げにお酢。また、果汁入りのサワードリンクを作ってスポーツをするときに飲んでいます。
和田悠　製品企画 2 課　ミツカン歴 6 年

ラ ーメンにお酢を入れています。後味がすっきりします。また、牛乳＋リンゴ酢を 4：1 の割合で混ぜるとヨーグルトみたいに。
清土健太郎　製品企画 1 課　ミツカン歴 6 年

カ レーの隠し味にりんごではなくお酢を入れると、コクがでます。
加藤美侑　MD 企画部メディアプロモーション課　ミツカン歴 6 年

野 菜炒めなどの油っこいものをさっぱり食べたいときによくかけます。たまにりんごジュースで割って飲むこともあります。
薮崎正広　開発技術 4 課　ミツカン歴 11 年

コ ンビニ等で売っている小袋ドレッシングがついていないサラダにお酢大さじ1＋しょうゆ大さじ1をかけ、フタをしてシャカシャカふると、簡単にノンオイル味付け野菜ができますよ！
水野達也　開発技術 4 課　ミツカン歴 10 年

Chapter 4

お酢が決め手の主食

お酢を加えた主食は、

どんなときでも箸が進むあっさり風味。

ご飯、パン、パスタ、ラザニア……

いつもの食卓にぜひお酢をプラスしてみてください。

ADVICE

甘味のある野菜と
お酢の相性が◎。ほ
かの野菜を使うと
きには、"甘味"を
意識してチョイス
してみて。

スナップエンドウの甘味がお酢とマッチ

さっぱり
ペペロンチーノ

材料（2人分）

スパゲッティ…160g
スナップエンドウ…100g
にんにく（みじん切り）…1片
赤唐辛子（小口切り）…1本
アンチョビ（みじん切り）…4切れ
穀物酢…大さじ1/2
塩、こしょう…各適量
オリーブオイル…大さじ2

作り方

1 スパゲッティは表示通りにゆで、あげる1分前にスナップエンドウを加える。ゆで汁を1カップ取っておく。

2 フライパンにオリーブオイルを熱し、にんにくと赤唐辛子を加え、炒める。香りが立ったらアンチョビを加え炒める。

3 ②に①の食材とゆで汁、穀物酢を加えてさっと炒め、塩、こしょうで味を調える。

焼けたチーズの香りが広がる

豆乳サワーラザニア

材料（2人分）

ラザニア…4枚
- 穀物酢…大さじ1/2

ツナ缶…1缶
ピザ用チーズ…20g
A　調製豆乳…1カップ
卵黄…1個分
コンソメ（顆粒）…小さじ1
- 塩…少々

ピザ用チーズ…20g
サラダ油…少々

作り方

1　ラザニアは表示通りにゆでて半分に切る。Aは混ぜ合わせる。

2　耐熱容器にサラダ油を薄く塗り、Aとラザニアを交互に重ねる。ピザ用チーズをのせ、トースターで10分焼く。

| 081

ADVICE

上にのせたチーズが、全体にうっすらと色づくまで火を入れるのがポイント。チーズの風味がアップします。

ADVICE

早めにスープを
作っておいてよく
冷蔵庫で冷やしま
しょう。一部を凍
らせてスープに浮
かべると涼しげに。

つめた〜く冷やして召し上がれ

トマト酢冷麺

材料（2人分）

グリーンアスパラガス…2本
ベーコン…2枚
トマト…1個
にんにく（みじん切り）…1/2片
A │ 穀物酢…大さじ1
　 │ トマトジュース、水…各1カップ
　 │ コンソメ（顆粒）…大さじ1/2
そうめん…200g
サラダ油…適量

作り方

1 アスパラガス、ベーコン、トマトは食べやすい大きさに切る。

2 フライパンを熱し、アスパラとベーコンを炒めて取り出す。

3 ②のフライパンを軽く拭いてサラダ油を熱し、にんにくを炒める。香りが立ったらトマトを入れてさっと炒め、Aを加える。粗熱を取り、冷蔵庫で冷やす。

4 そうめんは表示通りゆでて冷水でしめる。器に盛り③を注ぎ、②をのせる。

濃厚なごまと酢の酸味がベストバランス

ごま酢だれつけ麺

材料（2人分）

A
- 穀物酢…大さじ2
- めんつゆ（2倍濃縮）…2/3カップ
- 白練りごま…大さじ3
- しょうが（すりおろし）…1片分

きゅうり…1/2本
かいわれ大根…1/4パック
うどん…2玉

作り方

1 ボウルにAを合わせ、冷蔵庫で冷やす。

2 きゅうりは千切りにし、かいわれ大根は根元を切り落とす。

3 うどんは表示通りにゆでて冷水でしめる。

4 器に③を盛って②をのせ、①のごまだれを添える。

ADVICE

しゃぶしゃぶした肉をトッピングすると、ボリュームアップ。うどんはひやむぎやそうめんに代えても美味。

085

ADVICE

牛肉の部位は、もも以外でも代用できます。切り落とし肉を何枚かつないで巻き付けてもOKです。

牛肉で包んだリッチなおむすび

甘酢みょうがの
肉巻きおむすび

材料（2人分）

みょうが…4個

A
穀物酢、砂糖…各大さじ2
塩…小さじ1/3

ご飯…300g

牛もも薄切り肉…250g

塩、こしょう…各適量

B
しょうゆ…大さじ1と1/2
酒…大さじ1
砂糖…大さじ1/2

サラダ油…大さじ1

作り方

1 みょうがは粗くみじん切りにして、Aに5分ほど漬け込む。

2 ①を汁ごとご飯に混ぜ、6等分する。

3 牛肉を広げて塩、こしょうをふり、ご飯を包むように巻く。

4 フライパンにサラダ油を熱し、③の閉じ目を下にして入れる。転がすように焼き、全体に焼き色がついたらBを加えて煮からめる。

お酢の爽快感でさらさら食べられる

こぶ茶酢茶漬け

材料（2人分）

A
- 穀物酢…大さじ 1/2
- こぶ茶（顆粒）…大さじ 1
- 水…1 と 1/2 カップ
- ご飯…茶碗に軽く 2 杯分
- 昆布佃煮…適量

作り方

1 鍋に A を入れ、一煮立ちさせる。

2 茶碗にご飯を盛り、昆布の佃煮をのせて①をかける。

ADVICE

昆布佃煮はお好みのものを。その日の気分で梅干しやあられを加えるなど、アレンジを楽しんでみて。

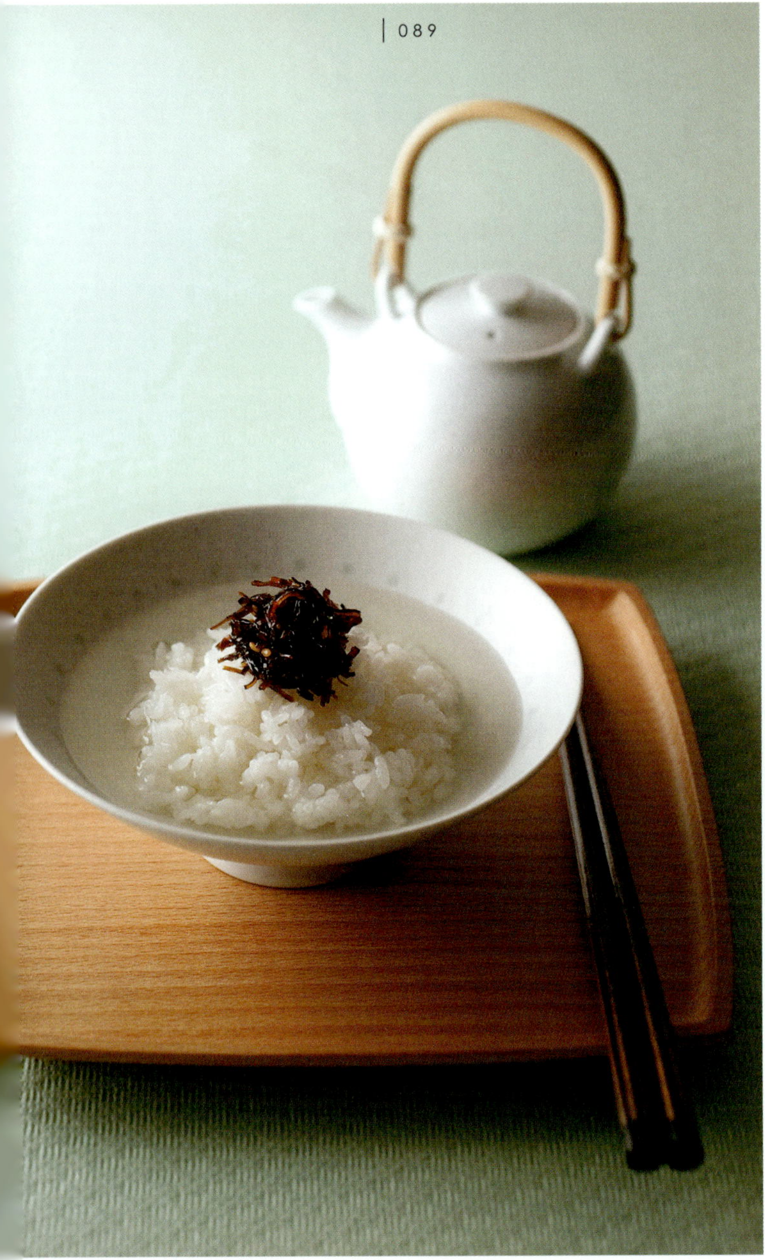

ADVICE

お好みでアーモン
ドやカシューナッ
ツなどの甘みのあ
るナッツを加える
と、香ばしさとコ
クが増します。

インドネシア風すっぱ辛チャーハン

酢ズッキーニのナシゴレン

材料（2人分）

ズッキーニ…1/2本
A 穀物酢、砂糖…各大さじ2
塩…少々
にんにく（みじん切り）…1/2片
赤唐辛子（みじん切り）…1本
鶏挽き肉…100g
塩、こしょう…各少々
ご飯…300g
B 穀物酢…大さじ1
砂糖…大さじ1/2
ナンプラー、しょうゆ…各小さじ1
卵…2個
サラダ油…適量

作り方

1 ズッキーニは1cm幅のいちょう切りにし、Aをまぶして15分おく。

2 フライパンにサラダ油を熱し、にんにくと赤唐辛子を加え、香りが立ってきたら鶏肉を加え、塩、こしょうをして炒める。

3 鶏肉の色が変わったら、ご飯と水気を切った①を加えて炒め合わせ、Bを加えてさらに炒め、塩、こしょうで味を調え、皿に盛る。

4 目玉焼きを2個作り、③にのせる。

酸味の効いた餡がやみつきに！

さっぱり天津飯

材料（2人分）

かに風味かまぼこ…4本
長ねぎ…1/4本
卵…4個
塩、こしょう…各適量
ご飯…茶碗2杯分
A｜穀物酢…大さじ2
水…1カップ
しょうゆ…大さじ1
砂糖、鶏がらスープの素（顆粒）…各小さじ2
塩…小さじ1/4
片栗粉…大さじ1
サラダ油…適量

作り方

1　かまぼこは細く割く。長ねぎは縦半分に切り、斜め千切りにする。

2　ボウルに卵を溶き、①を加えて塩、こしょうをふる。

3　フライパンにサラダ油を熱し、②の半量を流し入れる。箸で大きくかき混ぜ、半熟の状態でご飯の上にのせる。同様にもうひとつ作る。

4　鍋にAを加えて煮立たせ、同量の水で溶いた片栗粉でとろみをつけて③にかける。

| 093

ADVICE

水溶き片栗粉を入れるときは、いったん火を消してから入れ、火をつけてよく混ぜると、ダマができません。

ADVICE

お好みで黒こしょうをふったり、チーズをのせてトーストしたり、色々とアレンジをしてみてください。

手のひらサイズで軽食にぴったり

ビネガー
ツナポテバゲット

材料（2人分）

じゃがいも…2個
ツナ缶…1/2缶
A{
穀物酢…大さじ1
塩…小さじ1/3
バター…10g
}
バゲット（1.5cm厚さ）…適量
パセリ（みじん切り）…適量

作り方

1 じゃがいもは一口大に切り、耐熱皿にのせ、ラップをしてレンジで3〜4分加熱する。温かいうちにつぶし、ツナを油ごと加え、Aを加えて混ぜ、なめらかにする。

2 バゲットをトーストし、①をのせてパセリを散らす。

酸味が効いたフルーティなソースが決め手

ブルーベリーソースの爽やかチキンサンド

材料（2人分）

鶏むね肉…1枚

A 酒、水…各 1/2 カップ

塩…大さじ 1/2

砂糖…小さじ 1

レタス…2枚

B 穀物酢、ブルーベリージャム
…各大さじ 1

玄米パン…4枚

粗挽き黒こしょう…適量

作り方

1 鶏肉は、塩と砂糖をすり込み、10分おく。レタスは食べやすくちぎる。Bは混ぜておく。

2 鍋に鶏肉とAを加えて蓋をし、加熱する。沸騰したら弱火で10分蒸し煮にし、鍋の中でそのまま冷まし、水気をふいて、そぎ切りにする。

3 玄米パンにレタス、②をのせBをかけて粗挽き黒こしょうをふり、はさむ。

| 097

ADVICE

鶏肉を厚く切ると
食べ応えがあるサ
ンドイッチに。ハ
ムのように薄く切
ると口当たりよく
仕上がります。

ミツカン社員公認！
すし飯レシピ＆
手巻き寿司 10 選

すし飯作りのちょっとしたコツと、ネタの組み合わせ
をマスターすると、手巻き寿司が一気にランクアップ。
ここではおいしいすし飯＆ネタのレシピをご紹介しま
す。ミツカン社員公認の味、ぜひお試しください！

すし飯レシピ

木製の寿司桶はすし飯作りの強い味方。余分な
水分を吸収しべたつきを抑えてくれます。米酢
を使うとよりマイルドな仕上がりに。

材料
（作りやすい分量）
米…3 合
A｜穀物酢…大さじ 4
　｜砂糖…大さじ 4〜5
　｜塩…小さじ 2

作り方

1 普段よりも硬めにご飯 3 合を炊き、寿司桶
の中央に山を作るように盛る。よく混ぜ合わせ
た A を、しゃもじに垂らしながら回しかける。

2 A が全体にいきわたるよう、底の方から大
きくほぐし、縦と横に切るようにして平らに広
げる。うちわであおいで水分を飛ばし、ツヤを
だす。

3 ご飯の上下を返し、もう一度軽くほぐす。

ADVICE 混ぜすぎてご飯を練らないようにするのがポイント。時間を
かけるとツヤがなくなりボソボソしてしまうので、手早く行って。

| 099

手巻き寿司10選

ミツカン社員おすすめのネタは小さな子供からお年寄りまで、みんなに好かれる組み合わせ。あなたのお気に入りを探してみてください。

サーモンと野菜が好ハーモニー

サーモン（刺身用）＋スライス玉ねぎ＋かいわれ大根＋マヨネーズ

納豆×マヨで
まろやか仕上げ

かに風味かまぼこ＋きゅうり＋納豆＋マヨネーズ

定番の納豆巻きの
旨味がアップ

チーズ＋レタス＋納豆

レモンと塩で
あっさりおいしい

ホタテ（刺身用）＋ルッコラ＋レモン＋塩

ポピュラーな3種盛り！

ウインナー＋チーズ＋きゅうり

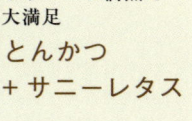

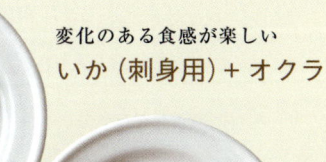

変化のある食感が楽しい
いか（刺身用）＋オクラ

薬味たっぷりで
召し上がれ
マグロ（刺身用）
＋しょうが
＋万能ねぎ

韓国風の
黄金コンビ！
焼き肉
＋ナムル

ボリューム満点で
大満足
とんかつ
＋サニーレタス

ジューシー
鶏カラの中華風
鶏の唐揚げ
＋かいわれ大根

これもおすすめ！
・アボカド＋チーズ＋かつお節
・ささみ＋きゅうり＋柚子こしょう
・ごぼうサラダ＋レタス

Chapter 5

お酢のデザート

お酢はデザートとも相性バツグン。

すっきりした甘さは、甘い物好きだけでなく、

万人に好かれる味です。

絶品デザートを召し上がれ！

102

ほんのりピンクのロゼ色がかわいい

ロゼアップル
コンポート

材料（2 ～ 3 人分）

りんご…1 個

A
- 穀物酢…大さじ 2
- ロゼワイン…3/4 カップ
- グラニュー糖…大さじ 2

作り方

1 りんごは 16 等分のくし形に切る。

2 フライパンに A を入れて煮立て、りんごを並べ入れて弱火で 5 分加熱する。

3 バットに移し、粗熱が取れたら冷蔵庫で冷やす。

ADVICE

しっかりと冷やしてからいただくと美味！ お好みでアイスクリームを添えて食べるのも、おすすめです。

甘さ控えめな大人のデザート
トマトビネガー
レアチーズケーキ

材料（15cm のケーキ型 1 台分）

ビスケット…10 枚
バター…40g
クリームチーズ…200g
ハチミツ…大さじ 3
穀物酢…大さじ 1 と 1/2
トマトジュース…3/4 カップ
粉ゼラチン…5g
湯…1/4 カップ
黒こしょう、バジル…各適宜

作り方

1 ビスケットは細かく砕き、室温に戻したバターを混ぜる。コップの底などで押しながらケーキ型の底に固く敷き詰める。

2 室温に戻したクリームチーズにハチミツを加えて、なめらかになるまで混ぜ、穀物酢とトマトジュースを少しずつ加えて混ぜる。

3 粉ゼラチンは湯にふり入れて混ぜ溶かし、②に加えて混ぜる。

4 ①に③を流し込み、冷蔵庫で冷やし固め、半日ほどおいて味をなじませる。好みで黒こしょうをふり、バジルをのせる。

ADVICE

底が抜けるケーキ型が便利。なければ、クッキングシートを型に敷いておくとスムーズに取り出せます。

ADVICE

シリコンのチョコ
レートカップが便
利ですが、なければ
バットなどにラッ
プを敷いて流し込
んでも OK です。

中から甘酸っぱい杏がとろ〜り

杏ビネガー BonBon

材料（10個分）
穀物酢…大さじ 1/2
杏ジャム…20g
ミルクチョコレート…120g

作り方

1 穀物酢と杏ジャムを合わせ、小さめの皿にラップを敷いて流し入れる。

2 ①を冷凍庫で凍らせたあと、10等分（1cm角程度）に切りわける。

3 ミルクチョコレートは細かく刻み、耐熱容器に入れて電子レンジで1分30秒加熱して溶かす。

4 チョコレートカップに③を流し入れ、②を中央に押し入れてチョコレートで覆い、冷蔵庫で冷やし固める。

トッピングのくるみが絶妙のアクセントに
バナナアイ酢

材料（2人分）

くるみ…適量
穀物酢…大さじ1
バニラアイス…150g
バナナ…1本

作り方

1 フライパンを熱し、くるみを乾煎りする。

2 ボウルに穀物酢とバニラアイスを入れて混ぜ、冷凍庫に入れて冷やし固める。

3 ②にフォークの背でつぶしたバナナを加えて器に盛り、①のくるみを粗く砕いてのせる。

ADVICE

くるみを乾煎りするときには、焦げやすいので注意。香りがでてきて、軽く色がついたら火をとめましょう。

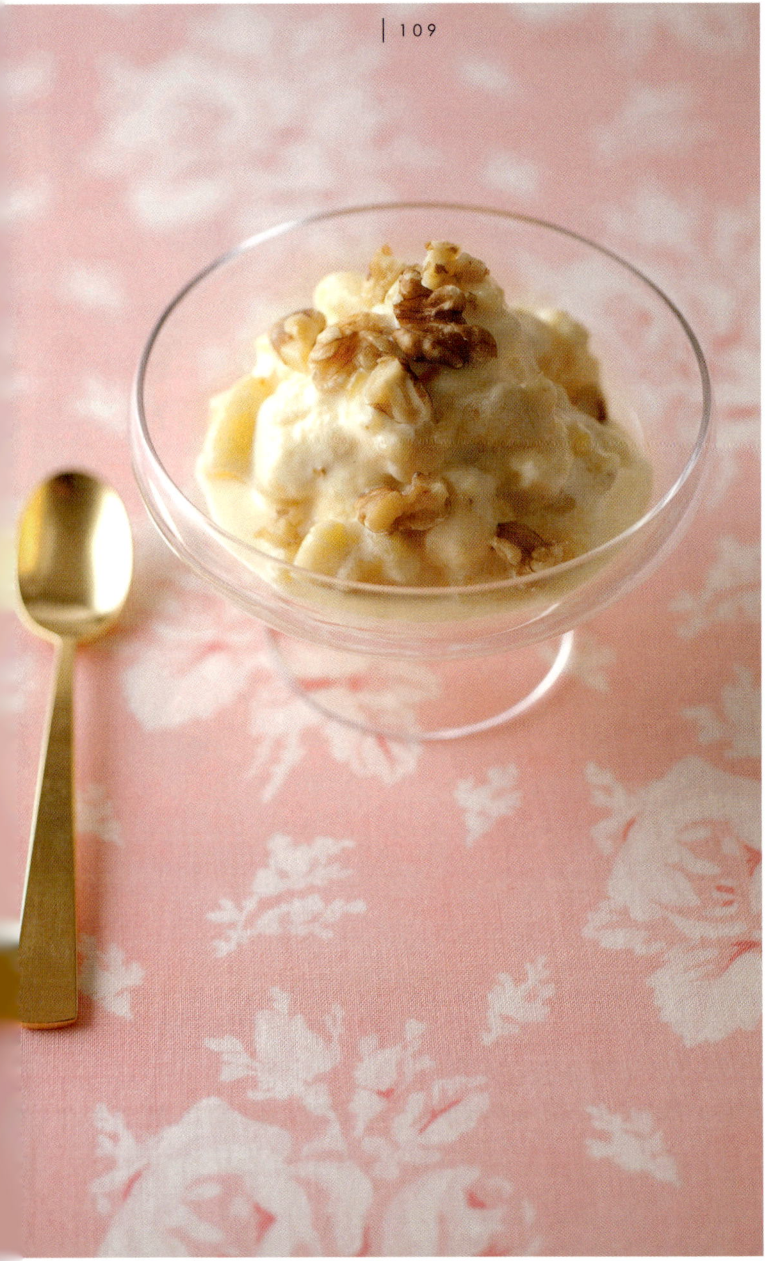

ADVICE

フルーツ缶の代わりに、みかんやピーチ、パイナップルなど、ほかの缶詰を利用してもおいしく作れます。

ノスタルジックでほっとする味わい

なつかし
フルーツ缶ゼリー

材料（2人分）

ミックスフルーツ缶…1缶
グラニュー糖…30 g
穀物酢…大さじ3
粉ゼラチン…5 g

作り方

1 フルーツ缶はフルーツとシロップに分け、シロップに水を足して1カップにする。

2 ①のシロップを鍋に入れて一煮立ちさせ、グラニュー糖を加えて溶かす。さらに穀物酢を加え、粉ゼラチンをふり入れて混ぜながら溶かし、火を止める。

3 ガラスの器にフルーツと②を流し入れ、冷蔵庫で冷やし固める。

フワフワなめらかな食感が魅力

ふんわり
ピーチムース

材料（2人分）

A | 生クリーム…1/2カップ
グラニュー糖…大さじ1

粉ゼラチン…5g

湯…1/4カップ

穀物酢…大さじ1

桃ジュース…1/2カップ

作り方

1 ボウルにAを入れ、7分立てにする。

2 粉ゼラチンは湯にふり入れて混ぜ溶かす。

3 ①に穀物酢と桃ジュースを加え、②を加えて混ぜ、器に注ぐ。

4 ③を冷蔵庫で冷やし固める。

| 113

ADVICE

生クリームはツノ
が立たないぐらい
の7分立てにする
ことで、ムースが
なめらかな口当た
りに仕上がります。

ADVICE

はじめての団子作
りなら、白玉粉が
断然おすすめ！
ほかの粉に比べて
扱いやすく、簡単
に作れます。

ほんのりと効いたあんこが隠し味に

さっぱり
みたらし白玉だんご

材料（2人分）

- A
  - 穀物酢、しょうゆ…各大さじ1
  - 砂糖…大さじ3
  - 水…大さじ2
- 片栗粉…小さじ1
- 白玉粉…100g
- 水…1/3カップ〜
- こしあん…40g
- サラダ油…少々

作り方

1 鍋にAを入れて沸騰したら20秒ほど煮立たせ、同量の水で溶いた片栗粉でとろみをつける。

2 白玉粉と水を合わせてこねる。こしあんを加えてさらにこね、ぎりぎりまとまるくらいに水を少しずつ加えて混ぜ、一口大に丸める。

3 鍋に湯を沸かし、②を入れて浮き上がってくるまでゆで、冷水に落として水気を取る。

4 サラダ油を薄く塗ったフライパンを熱して③をこんがりと焼き、①をからめる。

黒糖とお酢の組み合わせが新鮮！

和プリン
黒糖ビネガーソース

材料（プリンカップ6個分）
牛乳…2カップ
グラニュー糖…60g
卵…2個
卵黄…2個分

A
穀物酢…大さじ1
黒糖…50g
水…大さじ2

作り方

1 鍋に牛乳を入れて弱火にかけ、グラニュー糖を加えて溶かし、冷ます。

2 ボウルに卵と卵黄を入れてほぐし、①を加えて混ぜる。

3 目の細かいざるで②をこし、プリンカップに流し入れ、蒸し器に入れて弱火で15分蒸す。

4 フライパンにAを入れて中火にかけ、沸騰させてとろみをつける。

5 ③を型から出し、④をかける。

ADVICE

プリンの容器を蒸し器に並べ終えてから、火を入れるようにすると、プリンに〝す〟が入りづらくなります。

お酢 Q&A

日本人になじみの深いお酢ですが、意外と知られていないことも。
ここで、お酢の素朴な疑問にお答えします。

Q1
お酢は
どうやってできるの?

お米や小麦などの穀物、ぶどう、りんごといった果汁などから、まずはお酒を作ります。次に酢(種酢)と酢酸菌を加えると、アルコール成分が酢酸に変化。その後、熟成させ、味や香りを損なわないようにろ過、殺菌、瓶詰めしたら完成です。

Q2
ラベルに書かれている
酸度とは?

お酢の主成分は酢酸ですが、ほかにグルコン酸やクエン酸といった有機酸も含まれています。酸度は全ての酸を酢酸として換算し、お酢に含まれる割合を表示したものです。酸度が少し高くても、マイルドなすっぱさのお酢もあります。

Q3
お酢はいつから
使われているの?

お酢が初めて文献に登場するのは紀元前5000年頃。メソポタミア南部のバビロニアで、ナツメヤシや干しブドウが原料でした。日本に伝わったのは4〜5世紀頃。平安時代の貴族は、生魚や干し魚をお酢や塩につけて食べるのを好んだと言われています。

Q4
日本以外でも
使われているの?

世界には日本の米酢と同じく、その土地の風土や気候に適した農作物を原料にして作られる伝統的なお酢があります。フランスのワインビネガー、麦芽から作られるイギリスのモルトビネガー、ブドウから作られるイタリアのバルサミコ酢などがポピュラーです。

Q5

牛乳を混ぜるとどうして固まるの?

お酢の酸には、牛乳のたんぱく質を固める作用があるからです。
少しずつ、よく混ぜながら加えると固まりにくくなります。また、
たとえ固まってしまっても体に害があるわけではありませんの
で、ご安心を。

Q6

お酢はどうやって使い分けるの?

お酢は種類によって、料理との相性が変わります。下記を参考に、
使ってみてください。

穀物酢
すっきりした酸味が特
徴。肉や魚を煮るとお
いしく仕上がります。

米酢
まろやかな酸味で、酢
の物や寿司、ピクルス
などにおすすめです。

純玄米黒酢
コクのある酸味。毎日
の健康ドリンクや中華
料理に合わせると◎。

リンゴ酢
フルーティな酸味で、
ドリンク、ドレッシン
グ、デザートにぴったり。

ミツカンの歴史

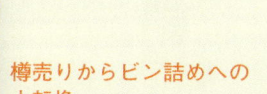

常に確かな品質にこだわり続けてきたミツカン。
その挑戦と変革の歴史を、写真とともに振り返ります。

1804 ▶

ミツカン創業

酒造家の初代又左衛門が酒粕を原料とした"粕酢"の製造に成功。文化元（1804）年に独立し、ミツカンの歴史が始まりました。当時、酒造家がお酢を造ることは考えられないことでしたが、需要が大幅に増えると見込み、本格的な粕酢造りをスタートさせたのです。

1887 ▶

ミツカンロゴマークの誕生

明治17（1884）年、商標条例が公布され、商標の独占には商標登録が必要になりました。従来の商標、丸勘はほかの酢屋に登録されてしまいます。そこで新たに4代目又左衛門が考案したのが、家紋からヒントを得た今でもお馴染みのミツカンマークです。

1954 ▶

樽売りからビン詰めへの大転換

この頃、出荷用の樽に、粗悪な合成酢を入れて販売する者が現れます。そこで7代目又左エ門は、銀行からの借り入れに苦労しながらも、品質保証を最優先。本格的にビン詰めを始めました。

1968 ▶

"100%醸造はミツカン酢だけ"がスローガンに

全面ビン詰めに踏み切ったあとも、合成酢問題はミツカンを悩ませます。そこで昭和43（1968）年「100%醸造はミツカン酢だけ」をスローガンにキャンペーンを実施。消費者の高い支持を集めました。

1986 ▶

日本唯一の酢の博物館「酢の里®」開館

酒粕誕生の地・愛知県半田に日本初のお酢の総合博物館「酢の里®」を開館。お酢造りの精神と技術を伝えているほか、お酢に関するさまざまな情報を発信しています。

1988～ ▶

ミツカンのメニュー提案1

昭和63（1988）年、おすし屋の裏メニューだった手巻き寿司を提案する大々的なキャンペーンを開始。TVCMは大きな反響を呼び、手巻き寿司ブームを引き起こしました。

2004～ ▶

ミツカンのメニュー提案2

リンゴ酢や黒酢など、飲用に適したお酢の飲み方を提案。お酢を飲むことが日常的になりました。

2008 ▶

栃木に食酢醸造工場、業務用工場を増設

国内の食酢総生産量のなんと約2割を占める、日本最大の食酢醸造工場が完成しました。

ミツカン主要商品

定番の穀物酢から、香辛料や調味料で味を調えた調味酢まで、
ミツカンのお酢は充実のバリエーションが魅力！ 人気の商品
をここで一挙にご紹介します。（※2012年7月時点）

【食 酢】

穀物酢

穀物酢
爽やかな風味であらゆる
料理によく合う。

特濃酢
穀物酢の2倍の酸度で、
強いキキとコクが特徴。

米酢

米酢
米のおいしさを生かし
たまろやかなお酢。

純米酢金封®
米のコクと風味が生き
る深い風味が特徴。

玄米酢

純玄米酢
国産玄米だけを使い、クセが
少なくやわらかな酸味が特徴。

純玄米黒酢
独自の技術でクセを抑
えた飲みやすい黒酢。

酒粕酢

三ツ判® 山吹®
熟成した酒粕を原料に
創業当時のお酢を再現。

果実酢

リンゴ酢
りんご果汁が主原料。飲み
物やドレッシングに最適。

純リンゴ酢
国産りんご果汁だけを
使用したリッチなお酢。

白ワインビネガー
白ワインをベースにし
た、フルーティなお酢。

**フェデルツォニ
バルサミコ®**
イタリアの伝統的な製法
で作ったバルサミコ酢。

【調味酢】

すし酢
ご飯に混ぜるだけです
し飯ができる合わせ酢。

すし酢甘口
やや甘めでまろやかな味
わいに仕上げたすし酢。

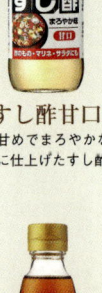

**すし酢
昆布だし入り**
昆布の旨味が楽しめる
すし用合わせ酢。

やさしいお酢®
独自の配合でツンとく
る酸味を抑えたお酢。

**お肉をおいしく
するお酢**
肉の脂っこさを和らげ
旨味とコクを引き出す。

ピクルスの素
そのまま漬け込むだけ
で、ピクルスが完成。

マリネの素
白ワインビネガーにレモン
やスパイスの風味をプラス。

南蛮漬けの素
魚や肉を揚げて漬ける
と、おいしい南蛮漬けに。

甘酢
昆布の旨味が入った甘いだけじゃない甘酢。

土佐酢
かつおだしが効いた三杯酢。酢の物に。

らっきょう酢
らっきょうはもちろん、野菜の酢漬けにも◎。

サワードリンク酢
好きな果物を漬けるとサワードリンクが完成。

まろやか仕立て食卓のお酢
和洋中と相性のよい、卓上サイズのかけるお酢。

カンタンいろいろ使えま酢™
甘酢漬け、酢の物、寿司、ピクルス、マリネ、肉料理など、いろいろな食酢メニューが簡単に作れる。

ドレッシングビネガー
サラダ油と合わせるだけで簡単ドレッシングに。

酢のもの黒酢
黒酢ならではの旨味が特徴。酢の物用のお酢。

おわりに

お酢は、日本人の食生活を
長い間支えてきました。
ですが、最近では食生活の変化にともない
日頃あまりお酢を料理で使わない
という方も増えてきています。

本書はそんなお酢料理初心者の方にも
気軽にお役立ていただけるよう、
「穀物酢」だけで作れるレシピを紹介しました。
このたった1本をご用意いただければ、
おいしく、ヘルシーなお酢レシピを
日常に取り入れていただくことができます。
また、すっぱいものが苦手でも取り入れやすい
レシピもたくさん掲載していますし、
簡単なものばかりを集めたので、
忙しい方や料理が苦手な方にもおすすめです。

お酢は、あなたの作る料理をおいしくし、
毎日をサポートする力があります。
使わないなんて、もったいない！
ぜひ、楽しみながら毎日のお酢習慣を
始めていただければと思います。

ミツカン社員一同

食材 INDEX

野菜類

●枝豆
コロコロ豆カレー酢…40

●大葉
しそビネガーソーダ…13
トマト甘酢…28
あじのおろし酢和え…39

●オクラ
ゆばとオクラのクリーミー和え…48
手巻き寿司10選…100

●かいわれ大根
ごま酢だれうま麺…84
手巻き寿司10選…99、100

●かぼちゃ
ビネガーチリコンカン…56

●キャベツ
ザワークラウト風煮込み…54

●きゅうり
きゅうりとセロリのピクルス…24
パリパリ桜海老のおろし酢和え…37
焼き鮭のマリネ…66
ホタテカルパッチョ ビネガージュレ添え…70
ごま酢だれうま麺…84
手巻き寿司10選…99

●グリーンアスパラガス
トマト冷麺…82

●クレソン
たことクレソンの三杯酢和え…32

●小玉ねぎ
カレー酢ピクルス…42

●ゴーヤ
ゴーヤピクルス…24

●ゴボウ
たたきゴボウのごま酢風味…46
鶏とゴボウのピリ辛南蛮漬け…62

●里いも
里いもチーズ…49

●サニーレタス
手巻き寿司10選…100

●じゃがいも
ポテトサラダ…64
ビネガーツナポテバゲット…94

●香草
かんたんヤムウンセン…50

●しょうが
ふんわり鶏団子入り酢しょうがスープ…60
鶏とゴボウのピリ辛南蛮漬け…62
トマトエビチリ…68
ごま酢だれうま麺…84
手巻き寿司10選…100

●ズッキーニ
酢ズッキーニのナシゴレン…90

●スナップエンドウ
さっぱりペペロンチーノ…78

●セロリ
きゅうりとセロリのピクルス…24
カレー酢ピクルス…42
豚とセロリのさっぱり煮…58

●大根
おろし酢…26
大根とりんごの甘酢…31

●玉ねぎ
サーモンのカルパッチョ…34
ビネガーチリコンカン…56
ふんわり鶏団子入り酢しょうがスープ…60
ポテトサラダ…64
ふわふわ豆腐ナゲット with チリソース…72

●トマト
車麩のハチミツビネガーサラダ…74
手巻き寿司10選…99

●トマト
トマト甘酢…28
ビネガーチリコンカン…56
トマトエビチリ…68
ホタテカルパッチョ ビネガージュレ添え…70
トマト酢冷麺…82

●長いも
長いもそうめん温卵のせ…45

●長ねぎ
鶏とゴボウのピリ辛南蛮漬け…62
トマトエビチリ…68
さっぱり天津飯…92

●にんじん
にんじんとりんごのハチミツ酢…14
根菜のピクルス…24
キャロットラペ…29

●にんにく
きゅうりとセロリのピクルス…24
焼きパプリカのマリネ…33
ビネガーチリコンカン…56
ポテトサラダ…64
トマトエビチリ…68
さっぱりペペロンチーノ…78
トマト酢冷麺…82
酢ズッキーニのナシゴレン…90

●白菜
白菜と揚げ玉のサラダ…35

●バジル
焼きパプリカのマリネ…33
車麩のハチミツビネガーサラダ…74
トマトビネガーレアチーズケーキ…104

●パセリ
ビネガーツナポテバゲット…94

●パプリカ（赤）
焼きパプリカのマリネ…33

●パプリカ（黄）
焼きパプリカのマリネ…33

●万能ねぎ
さっぱり納豆おろし酢…38
手巻き寿司10選…100

●ピーマン
もやしとちくわのスパイシー和え…43

●プチトマト
車麩のハチミツビネガーサラダ…74

●ブラックオリーブ（種抜き）
カレー酢エッグ…41

●ベビーリーフ
オレンジと生ハムのサラダ…30

●水菜
豆腐と水菜のサラダ…44

●ミニアスパラガス
ミニアスパラガスとヤングコーンのピクルス…24

●みょうが
甘酢みょうがの肉巻きおむすび…86

●もやし
もやしとちくわのスパイシー和え…43

●ヤングコーン
ミニアスパラガスとヤングコーンのピクルス…24

●ルッコラ
手巻き寿司10選…99

●レタス
焼き鮭のマリネ…66
ブルーベリーソースの爽やかチキンサンド…96
手巻き寿司10選…99

●れんこん
根菜のピクルス…24

きのこ類

●えのき
みぞれきのこ…36

●エリンギ
ドライトマトときのこのピクルス…24

●舞茸
みぞれきのこ…36

フルーツ

●アボカド
サーモンのカルパッチョ…34

●オレンジ
オレンジと生ハムのサラダ…30

●キウイ
キウイビネガースカッシュ…12

●グレープフルーツ
グレープフルーツヨーグルトビネガー…17

●バナナ
バナナ豆乳ビネガー…15
バナナフィグ酢…108

●ブルーベリー（冷凍）
ブルーベリー黒糖ミルク酢…16

●マンゴー（冷凍）
マリブマンゴーフローズン…22

●ゆず皮
ゆばとオクラのクリーミー和え…48

●りんご
にんじんとりんごのハチミツ酢…14
大根とりんごの甘酢…31
ロゼアップルコンポート…102

●レモン
手巻き寿司10選…99

肉類

●牛肉（切り落とし）
牛肉とらくたきのごま酢和え…47

●牛豚合挽き肉
ビネガーチリコンカン…56

●牛もも薄切り肉
甘酢みょうがの肉巻きおむすび…86

●鶏ささみ
ささみとナッツのエスニック和え…51

●鶏挽き肉
ふんわり鶏団子入り酢しょうがスープ…60
酢ズッキーニのナシゴレン…90

●鶏むね肉
ブルーベリーソースの爽やかチキンサンド…96

●鶏もも肉
鶏とゴボウのピリ辛南蛮漬け…62

●豚挽き肉
かんたんヤムウンセン…50

●豚ロース肉（とんかつ用）
豚とセロリのさっぱり煮…58

肉加工品

●ウインナー
ザワークラウト風煮込み…54
ポテトサラダ…64
手巻き寿司10選…99

●鶏の唐揚げ
手巻き寿司10選…100

●とんかつ
手巻き寿司10選…100

●生ハム
オレンジと生ハムのサラダ…30

●ベーコン
トマト酢冷麺…82
●焼肉
手巻き寿司10選…100

魚介類
●あじの開き
あじのおろし酢和え…39
●いか（刺身用）
手巻き寿司10選…100
●海老
トマトエビチリ…68
●サーモン（刺身用）
サーモンのカルパッチョ…34
手巻き寿司10選…99
●たら
ふわふわ豆腐ナゲット with チリソース…72
●生鮭
焼き鮭のマリネ…66
●ホタテ（刺身用）
ホタテカルパッチョ ビネガージュレ添え…70
手巻き寿司10選…99
●マグロ（刺身用）
手巻き寿司10選…100
●ゆでだこ
たことクレソンの三杯酢和え…32

海藻・乾物
●青のり
長いもそうめん温卵のせ…45
●桜海老
パリパリ桜海老のおろし酢和え…37
●ドライトマト
ドライトマトときのこのピクルス…24
●春雨（乾燥）
かんたんヤムウンセン…50
●干しあんず
キャロットラペ…29
●焼きのり
白菜と揚げ玉のサラダ…35
●わかめ（塩蔵）
パリパリ桜海老のおろし酢和え…37

卵
●温泉卵
長いもそうめん温卵のせ…45
●卵
カレー酢エッグ…41
ふんわり鶏団子入り酢しょうがスープ…60
ふわふわ豆腐ナゲット with チリソース…72
豆乳サワーラザニア…80
酢ズッキーニのナシゴレン…90
さっぱり天津飯…92
和プリン黒糖ビネガーソース…116

大豆加工品
●油揚げ
さっぱり納豆おろし酢…38
●絹ごし豆腐
豆腐と水菜のサラダ…44
●刺身ゆば
ゆばとオクラのクリーミー和え…48
●調製豆乳
バナナ豆乳ビネガー…15
豆乳フレンチドレッシング…52
豆乳サワーラザニア…80
●納豆

さっぱり納豆おろし酢…38
手巻き寿司10選…99
●木綿豆腐
ふわふわ豆腐ナゲット with チリソース…72

乳製品
●牛乳
ブルーベリー黒糖ミルク酢…16
ピーチビネガースムージー…20
和プリン黒糖ビネガーソース…116
●クリームチーズ
トマトビネガーレアチーズケーキ…104
●粉チーズ
里いもみそチーズ…49
●チーズ
手巻き寿司10選…99
●生クリーム
ふんわりピーチムース…112
●バニラアイス
ピーチビネガースムージー…20
バナナアイ酢…108
●ピザ用チーズ
豆乳サワーラザニア…80
●ヨーグルトドリンク
グレープフルーツヨーグルトビネガー…17

缶詰
●アンチョビ
さっぱりペペロンチーノ…78
●ツナ缶
豆乳サワーラザニア…80
ビネガーツナポテバゲット…94
●白桃（缶詰）
ピーチビネガースムージー…20
●ホールコーン
コロコロ豆カレー酢…40
●ミックスフルーツ缶
なつかしフルーツ缶ゼリー…110

ご飯
●ご飯
甘酢みょうがの肉巻きおむすび…86
こぶ茶酢菜漬け…88
酢ズッキーニのナシゴレン…90
さっぱり天津飯…92
●米
究極のすし飯…98

パン
●玄米パン
ブルーベリーソースの爽やかチキンサンド…96
●バゲット
ビネガーツナポテバゲット…94

麺類・パスタ
●うどん
ごま酢だれつけ麺…84
●スパゲッティ
さっぱりペペロンチーノ…78
●そうめん
トマト酢冷麺…82
●ラザニア
豆乳サワーラザニア…80

飲料
●オレンジジュース
カシスオレンジビネガー…23

●カシスリキュール
カシスオレンジビネガー…23
●ジンジャーエール
シャンディーガフビネガー…21
●炭酸水
キウイビネガースカッシュ…12
しそビネガーソーダ…13
●トマトジュース
トマト酢冷麺…82
トマトビネガーレアチーズケーキ…104
●ビール
シャンディーガフビネガー…21
●ほうじ茶
ほんのり甘いほうじ茶ビネガー…19
●マリブリキュール
マリブマンゴーフローズン…22
●桃ジュース
ふんわりピーチムース…112
●ロゼワイン
ロゼアップルコンポート…102

その他
●揚げ玉
白菜と揚げ玉のサラダ…35
●杏ジャム
杏ビネガー BonBon…106
●かに風味かまぼこ
さっぱり天津飯…92
手巻き寿司10選…99
●車麩
車麩のハチミツビネガーサラダ…74
●くるみ
バナナアイ酢…108
●こしあん
さっぱりみたらし白玉だんご…114
●こぶ茶（顆粒）
こぶ茶酢菜漬け…88
●昆布佃煮
こぶ茶酢菜漬け…88
●しらたき
牛肉としらたきのごま酢和え…47
●白玉粉
さっぱりみたらし白玉だんご…114
●たくあん
豆腐と水菜のサラダ…44
●ちくわ
もやしとちくわのスパイシー和え…43
●ナムル
手巻き寿司10選…100
●ナンプラー
ナンプラー酢…27
酢ズッキーニのナシゴレン…90
●ピーナッツ
ささみとナッツのエスニック和え…51
●ビスケット
トマトビネガーレアチーズケーキ…104
●ひよこ豆（水煮）
コロコロ豆カレー酢…40
●ブルーベリージャム
ブルーベリーソースの爽やかチキンサンド…96
●マーマレードジャム
ホット&サワーマーマレード…18
●ミックスビーンズ（水煮）
ビネガーチリコンカン…56
●ミルクチョコレート
杏ビネガー BonBon…106

STAFF

撮影 >> 三好宣弘（STUDIO60）
フードコーディネート・フードスタイリング >> 井上裕美子（エーツー）
フードアシスタント >> 亀井真希子　青木夕子（エーツー）
文 >> 宇治有美子
デザイン >> BLUE DESIGN COMPANY
イラスト >> カモ
校正 >> 玄冬書林
編集 >> 森摩耶（ワニブックス）
　　　 岸田健児（ワニブックス）

撮影協力 >> deuxC（http://www.deuxc.net/）

日本一お酢を売っている！※
ミツカン社員公認　お酢レシピ

監修　株式会社ミツカン
2012 年 9 月 3 日　初版発行
2012 年 10 月 20 日　3 版発行

発行者　　横内正昭
編集人　　青柳有紀
発行所　　株式会社ワニブックス
　　　　　〒 150-8482
　　　　　東京都渋谷区恵比寿 4-4-9　えびす大黒ビル
電話　　　03-5449-2711　（代表）
　　　　　03-5449-2716　（編集部）
印刷所　　凸版印刷株式会社
製本所　　ナショナル製本

定価はカバーに表示してあります。
落丁・乱丁の場合は小社管理部宛にお送りください。送料は小社負担でお
取り替えいたします。ただし、古書店等で購入したものに関してはお取り
替えできません。
本書の一部、または全部を無断で複写・複製することは法律で認められた
範囲を除いて禁じられています。

©株式会社ミツカン 2012
ISBN978-4-8470-9099-8
ワニブックス HP　http://www.wani.co.jp/

本書に記載されている情報は 2012 年 7 月時点のものです。
掲載されている情報は変更になる場合もございます。

（※）酒類食品統計月報 2012（平成 24 年）2 月号（日本経済通信社）